LETTRE
D'UN ÉCOLIER DE PHILOSOPHIE
A MONSIEUR
J. J. ROUSSEAU,

Citoyen de Genêve & habitant de Montmorency.

*En réponse à sa Lettre à M. d'*ALEMBERT *sur les Spectacles.*

Stultorum incurata pudor malus ulcera celat. Hor.

A GENEVE,

Avec Permission.

(Par Claude Villaret, d'après Barbier)

MONSIEUR,

SI la pureté d'intention peut inſpirer *quelque fierté* à tout Ecrivain qu'elle anime; je crois qu'il m'eſt permis de prétendre à cette gloire, ainſi que vous. Je ne penſe pas, il eſt vrai, *que peu d'Auteurs m'ayent donné l'exemple de ce déſintéreſſement, & que fort peu voudront l'imiter*: (pardonnez-moi ſi je me ſers de vos propres expreſſions.) Je n'ai pas l'opinion flateuſe, ſi vous le voulez, que la ſincérité & le déſintéreſſement ſoient le partage excluſif d'un ſi petit nombre d'Ecrivains, en vous comptant, comme vous l'avancez modeſtement, qu'on doive déſeſpérer que votre exemple tire à conſéquence. Sentez-vous digne, je ne m'y oppoſe pas, de la deviſe : *Vitam impendere vero*, que vous vous êtes appropriée, mais ne refuſez pas aux autres Ecrivains l'avantage d'être admis au nombre de vos élûs. On avoit dit avant vous : *Nul n'aura de l'eſprit que nous & nos amis*. Il vous étoit réſervé ſans doute, d'affirmer : *Qu'en ce monde pervers les Auteurs ſont ſans foi, fourbes, intéreſſés, hors mes amis & moi*. Vous n'en aimeriez pas moins la ſincérité, en permettant aux autres de lui rendre leurs hommages, cela ne diminueroit rien de votre portion de gloire & de vertu : c'est un héritage, où la division peut avoir lieu, sans préjudicier aux intérêts de ceux qui s'en sont mis en possession, & l'on vous passeroit sans murmurer votre fastueuse devise. Vous décideriez avec moins d'autorité, si vous aviez réflechi, que pour bien juger de la pureté d'intention & du désintéressement d'un Auteur, il faudroit pénétrer dans son ame, pour y reconnoître l'accord de ce qu'il écrit avec ce qu'il pense réellement. Avez-vous scruté les intentions de presque tous les Ecrivains que vous réprouvez ? Sur quel fondement leur refusez-vous la pureté d'intention & le désintéressement ?

ſi vous n'en décidez que ſur l'impreſſion que vous font leurs ouvrages, votre condamnation me paroît hazardée: car ils pourroient alléguer pour leur défenſe : *Lecteur, je puis me tromper moi-même, mais non pas vous tromper volontairement; craignez mes erreurs, & non ma mauvaiſe foi.* Un pareil aveu vous diſposeroit ſans doute à modérer la rigueur de vos jugemens. C'eſt dans ces diſpoſitions favorables, & dont je vous invite à faire uſage, que je vais prendre la liberté d'examiner, avec vous, votre Lettre datée de Montmorenci, du 20 Mars 1758. & que j'ai reçûe de la Haye à la fin d'Octobre de la même année.

CONSIDERATIONS

SUR

L'ART DU THEATRE.

LE goût des arts, l'honneur de ma patrie, l'amour du genre humain, un respect inviolable pour la vérité, voilà les motifs qui m'engagent à publier mes réflexions sur l'art du Théâtre. C'est un objet trop important, pour qu'il soit permis de regarder avec indifférence le jugement qu'on en doit porter. Avantageux, il faut l'admettre, il faut le rejetter s'il est nuisible. La conservation de la pureté de nos mœurs en dépend, & quoique sans ménagement, sans daigner même entrer dans aucun examen, pour revêtir au moins d'une apparence de justice cet anathême que vous fulminez contre nous, vous nous reprochiez une corruption dont votre heureuse patrie est exempte, la vertu ne nous est pas si étrangere, qu'il ne nous soit permis de prendre un intérêt sensible à tout ce qui la concerne, & de faire tous nos efforts pour diminuer notre dépravation. Nous avons des spectacles, nous avons porté cet art à un dégré, qui nous rend à cet égard supérieurs à toutes les Nations. Il n'y a presque plus de Peuples de l'Europe, qui ne fassent leurs délices de nos Pieces & de nos Acteurs. En adoptant vos maximes, nous devons être regardés comme des séducteurs du genre humain. Voyons si nous ne méritons pas un titre moins odieux, en examinant vos austeres paradoxes. Il s'agit de sçavoir,

Si les spectacles sont bons en eux-mêmes,

S'ils peuvent s'allier avec les mœurs,

Si tout Gouvernement peut les comporter.

Si la profession de Comédien est honnête.

Je crois que la premiere de ces questions doit résoudre toutes les autres. Un art bon par soi-même ne sçauroit être contraire aux mœurs, que dans le cas où l'on en feroit un mauvais usage, (danger commun à tous les arts qui peuvent devenir pernicieux par l'abus) ce qui ne pourroit être attribué à un vice de l'art, mais de l'artiste, ou des amateurs de cet art.

Pouvant s'allier avec les mœurs, tout Gouvernement peut le comporter, & doit le protéger, puisque tout Gouvernement a un intérêt sensible de perfectionner la morale, qui forme un des plus solides fondemens de toute autorité légitime.

Il ne peut être deshonnête de l'exercer, puisqu'il seroit absurde de dire, que la profession d'un art utile aux Mœurs & au Gouvernement est deshonorante.

On peut définir l'art du Théâtre ; l'art de peindre les passions, en représentant leurs effets. Une action théâtrale est l'image plus ou moins forte de ce que nous voyons tous les jours. Les différens mouvemens de l'ame y sont exprimés : les ressorts secrets que le vice & la vertu font jouer successivement, y sont exposés au grand jour : le spectateur juge.

Les hommes ont des passions ; cela est certain. Elles les excitent à la vertu, elles les précipitent dans le crime. Les Stoïciens qui ne les considéroient que dans leurs effets pernicieux, les proscrivirent sans réserve. Ils imaginerent un être chimérique dont ils firent leur modele. Je ne m'arrêterai point à renverser ce vain fantôme. Les passions sont partie de nous-mêmes, elles nous sont essentielles : un homme *apathique*, n'a ni désirs ni sentimens : inaccessible au plaisir, ainsi qu'à la douleur, il contemple tout sans intérêt : rien ne peut le déterminer vers un objet préférablement à un autre.

Un tel être ne differeroit du néant, que par une existence immobile au milieu d'une foule d'êtres incessamment agités. Prétendre réformer le genre humain sur le sage de l'école de *Zenon*, ce seroit aller directement contre l'ordre établi. La meilleure raison de la nécessité des passions, c'est leur existence reconnue. Vouloir les détruire est une entreprise aussi téméraire qu'extravagante. Nous ne sommes pas créés pour anéantir, mais pour faire usage de tout selon les lumieres de la justice & de la raison. Tout ce qui tend à multiplier ces lumieres est bon en soi-même. C'est l'objet de l'art dramatique, & je tire mes preuves de la nature même des productions de cet art.

La tragédie par l'élévation des sentimens, la sublimité des pensées, la majesté du style, l'énergie des expressions, la force des situations, l'harmonie & la véhémence de la déclamation, la pompe du spectacle, tend à augmenter l'activité de notre ame par l'intérêt, & à déterminer cet intérêt en faveur de la vertu. Le crime est toujours puni : elle se sert des couleurs les plus fortes pour le flétrir. Dans l'action qu'elle représente, le succès ou la chûte sont également funestes à l'injustice : le plus cruel châtiment est l'horreur & le mépris qu'elle inspire. La vertu est toujours récompensée par le triomphe, ou par l'estime, qui est son plus noble prix. Ce prix n'est point arbitraire, il ne dépend pas plus de la révolution des tems. On admire encore, & l'on court toujours en foule aux représentations des bonnes pieces de *Corneille* ; & ce n'est pas, comme vous le supposez, par la honte de s'en dédire, que l'on continue de prodiguer de justes applaudissemens aux chefs-d'œuvre de ce grand Homme. Si le Public, qui en fait ses délices aujourd'hui, étoit composé des mêmes personnes qui approuverent dans la nouveauté *Cinna*, *Polieucte*, *Heraclius*, &c. cette supposition auroit du moins une apparence de fondement ; mais le Public de ce siecle, ne peut être porté, que par la raison, à joindre son suffrage à celui du siecle passé, & ne doit pas rougir d'être d'un avis contraire au sien. Il faut être étrangement prévenu contre ses contemporains, pour s'imaginer qu'ils ne seroient pas capables de connoître & de sentir les beautés des Ouvrages du *Sophocle* François, s'ils n'étoient appuyés de l'autorité de leurs ancêtres.

Rien n'est plus propre à développer dans nos ames les idées de justice, à fortifier le penchant qui nous porte à la vertu, que les honneurs qu'on lui rend sur la scene. Ce concert unanime d'applaudissemens & d'hommages, qui s'accorde si bien avec ce que nous éprouvons intérieurement, nous pénetre d'un sentiment délicieux. Dans nos assemblées nombreuses, la voix de la nature prend un ton plus imposant ; c'est un torrent qui entraîne & qui subjugue tout ce qu'il rencontre, on diroit que la vertu descend sur la terre, & dicte ses oracles à tout le genre humain. Ce n'eſt pas dans la ſolitude que la vertu fait briller ſes traits les plus forts; c'eſt un feu dont la rapidité s'accelere par la communication générale. La démonſtration de cette verité eſt gravée trop profondément dans tous les cœurs, pour qu'on puiſſe la revoquer en doute.

C'eſt moins pour l'appuyer que pour répondre à vos objections, que je vais citer des exemples; je ne les chercherai pas loin. J'aurois, ainſi que vous, le droit de choiſir; mais je ne profiterai pas de cette liberté. Je me renferme dans les mêmes que vous avez expoſés.

Catilina ne fait point le rôle d'un grand homme, comme vous le pretendez, à moins que vous ne donniez ce nom à un furieux, d'autant plus mépriſable, que ſa conſtante perverſité ne lui laiſſe aucuns remords. Il excite l'attention du ſpectateur & non ſon eſtime: c'eſt contre de pareils ſcélérats que l'indignation de la vertu ſe ſouleve pour les écraſer. Le ſilence de *Caton*, qui le mépriſe aſſez pour ne pas daigner même répondre à ses invectives, doit l'anéantir. Un homme qui tente un grand crime n'est pas regardé comme un grand homme, ou bien il faudroit chercher un autre terme pour désigner un homme qui forme une entreprise grande & juste. L'étendue des lumieres, l'activité, la fermeté, accompagnent également le grand homme & le scélérat; le principe qui fait agir ces deux caracteres opposés, les distingue, & ce principe est toujours developé. Tout Auteur dramatique n'est-il pas obligé d'établir les caracteres qu'il fait agir, non-seulement pour soulager l'attention des spectateurs, mais même pour les guider dans leurs jugemens? Si le personnage vicieux qui fait le sujet de la piece, se déclare lui-même injuste, peut-on craindre qu'il surprenne l'approbation de son iniquité? Il aura beau nous montrer dans ses faux raisonnemens, qu'il est capable d'embrasser un projet vaste, que son genie égale son audace, pourra-t-il jamais nous arracher un sentiment d'estime? Si cela, étoit à redouter, il faudroit supprimer presque tous les exemples dont l'histoire fourmille ; il faudroit interdire aux historiens toute description de caractere vicieux ; il faudroit retrancher des annales du monde, tous les portraits de ces fameux coupables qui se sont signalés par leurs erreurs, & ne rapporter que les faits qui peuvent entrer dans un panegirique. *Catilina* n'est-il pas encore peint avec plus de force dans Saluste ? Cet Auteur n'est-il pas entre les mains de la plus tendre jeunesse, sans qu'on aprehende qu'il *encourage des Catilina* ? S'il n'y avoit que des hommes foibles & aveugles qui se livrassent au crime, quel fruit retireroit-t-on de leur exemple ? On apprendroit qu'on peut commettre de mauvaises actions : voilà tout. Mais en voyant des hommes, allier par un mélange monstrueux, aux emportemens d'une ame injuste, des qualités brillantes, on se forme plus aisément l'habitude de séparer la cause primitive, des forces qu'elle fait mouvoir ; on juge non les moyens employés, mais l'intention. Qu'un homme déclare qu'il a dessein d'entreprendre un forfait, pourrons-nous jamais l'approuver, quelques efforts qu'il fasse pour nous étaler toutes ses ressources ? J'aimerois autant dire que c'est travailler contre notre sûreté, que de nous apprendre les ruses dont un ennemi peut se servir pour nous perdre. *Catilina* n'est rien moins qu'un héros dans les tragédies de Messieurs de *Crebillon* & de *Voltaire*. C'est un monstre qui effraye par la grandeur des forfaits qu'il médite. Il seroit à desirer que ces deux illustres émules ne discontinuassent jamais de nous donner des poëmes dont on peut recueillir des leçons si importantes. Genies sublimes, formés pour l'instruction des hommes; que ne puis-je en votre faveur interrompre la course trop rapide du tems qui dévore tout! que ne puis-je reculer le terme de votre brillante carriere! les plus longs jours sont encore trop bornés pour ces Citoyens illustres qui enrichissent le genre humain de nouvelles lumieres, & qui ont si bien mérité de leur patrie par leurs admirables ouvrages. Amis des Arts, encore plus de leurs semblables, on ne les voit point sans relâche occupés à décomposer notre espece ; ils ne prodiguent point les soins les plus pénibles & les plus infructueux pour réaliser l'existence du vice, & rendre problematique celle de la vertu. Echaffaudés sur le fragile appui d'une vaine Métaphysique, ils n'ont pas l'orgueil de croire remonter jusqu'aux premiers principes de tous nos sentimens ; ils n'accumulent point sans fin les conjectures les plus fausses pour en étayer d'odieux systêmes, & présenter à nos yeux indignés, avec une confiance insultante, le squelette de l'humanité.

Dans la Tragedie de *Mahomet*, que vous approuvez du moins en partie, vous appréhendez que la grandeur d'ame qu'il étale, ne diminue l'atrocité de ses crimes. Il est bien singulier que vous redoutiez précisément le contraire de ce qui arrive. Plus Mahomet

homet montrera, ainſi que Catilina, de grandes qualités, plus elles contraſteront avec ſes crimes. Que peut-il réſulter de cette oppoſition? Que l'étendue de nos lumieres ne ſert qu'à nous rendre plus coupables, lorſque nous les faiſons ſervir au ſuccès de projets abominables. Conſiderez ce fameux ſcélérat, à la fin de la piece. *Ses forfaits dans ſon cœur ont gravé ſon ſupplice.* Déchiré des remords les plus honteux, cent fois plus infortuné que les innocentes victimes de ſes fureurs, livré en proye aux horreurs d'un deſeſpoir éternel, il ne peut ſupporter la vûe de ſon ame exécrable. Eſt-il leçon plus frappante, & plus capable d'intimider quiconque oſeroit lui reſſembler? Cet exemple terrible ne ſuffiroit-il pas pour détruire l'impreſſion momentanée, qu'auroit pû produire ſur quelques ſpectateurs, cette fauſſe grandeur dont il fait une vaine parade, tandis que le fruit qu'on peut recueillir du châtiment affreux d'un monſtre accablé & couvert d'ignominie, ſubſiſteroit dans toute sa force? *Seide* meurtrier, nous feroit horreur malgré le fanatisme qui l'égare, si ce n'étoit pas sur son pere qu'il porte ses coups, sans le sçavoir. L'homicide volontaire nous révolteroit; le parricide involontaire excite notre pitié. Enfin on rapporte de la représentation de cette piece cette double instruction, que tout criminel contre sa conscience, est comme Mahomet, un homme détestable, & que l'emportement d'un zele inconsidéré, peut conduire aux plus énormes attentats. Si la raison n'est pas toujours assez puissante pour éteindre l'embrasement du fanatisme, elle peut, en nous éclairant, prévenir les égaremens qui précédent cette aveugle fureur.

Je ne répeterai pas d'*Atrée* ce que j'ai dit de *Mahomet* & de *Catilina*. C'est toujours le crime représenté avec les couleurs les plus fortes & les plus capables de redoubler l'horreur naturelle qu'il inspire. Le rôle de *Thyeste* est intéressant, selon vous, parce qu'il est homme & malheureux. C'est le caractere opposé à l'homme sans foiblesse, que vous reprochez à notre théâtre de ne pouvoir rendre intéressant. *Thyeste* excite notre compassion; nous sommes attendris en voyant à quel comble d'infortune le réduit la vengeance atroce de son barbare frere : il exerce notre humanité cette vertu si respectable, la premiere de toutes, peut-être, la plus nécessaire au genre humain, qui donne de l'activité à toutes les autres.

C'est sans raison que vous desirez que *nos Auteurs sublimes descendent quelquefois de leur élevation continuelle, & nous attendrissent en faveur de l'humanité souffrante.* Il vous seroit impossible de citer une seule de nos tragédies qui ne produise cet effet. Nos plus foibles drames ne doivent leur réussite, qu'à ces touchantes images qui rapellent à nos cœurs le sentiment de l'humanité. *Les Anciens avoient des Héros*, dites-vous, *& mettoient des hommes sur la scene; nous n'y mettons que des Héros, & à peine avons-nous des hom-*

mes. Je dirois à tout autre, qui ſeroit moins emporté par l'ardeur d'un zele eſtimable dans ſon principe, qui eſt l'amour de la vertu, mais inconſidéré; que c'eſt trahir la verité, pour jouir du miſerable plaiſir d'une antiteſe puérile. Toutes les tragédies des Anciens abondent en vaines déclamations; ils mettoient ſur leurs Théatres des Héros ſouvent montés ſur des échaſſes; les nôtres ſe rapprochent plus de l'homme. Ils avoient des Héros ſans doute; mais en dépit du vœu que vous ſemblez avoir formé d'être *æternus laudator temporis acti*, il me ſeroit facile de vous prouver que notre ſiécle peut fournir des exemples d'héroiſme en tous genres, qui ne nous rendent point inférieurs aux Anciens, ſi ce combat de ſiécle à ſiécle, où chacun ſe conſume en efforts inutiles pour faire triompher le ſiécle qu'il ſemble avoir pris ſous ſa protection, n'étoit la plus frivole de toutes les diſputes littéraires. J'ouvre le livre de l'univers, & je vois ſur ce vaſte Théatre le vice & la vertu toujours aux prises; & en comparant les siécles les plus brillans, j'en vois peu auxquels le nôtre ne paroisse préférable.

Comme vous avez senti la foiblesse des preuves qu'il vous étoit possible de tirer des exemples, que vous aviez cependant choisis vous-même, vous vous êtes fabriqué de nouvelles armes. Pour nous prouver que *certaines passions satisfaites nous semblent préférables à la vertu*, vous enfantez un nouveau plan de la tragédie de Berenice, dont vous supposez l'effet infaillible avec une confiance intrépide, & vous en tirez cette conséquence victorieuse, que *les tableaux de l'amour font toujours plus d'impression que les maximes de la sagesse, & que l'effet d'une tragédie est tout-à-fait indépendant du denouement*. Je ne vous dirai pas que vous concluez d'une supposition, & non d'un fait prouvé, c'est assez votre ordinaire; quand les raisons manquent, l'imagination vient au secours. Ce merveilleux projet est *que Titus abdique l'empire, pour aller avec Berenice vivre heureux & ignoré dans un coin de l'univers*. Si vous pouviez réformer toutes nos pieces de théâtre dans ce goût-là, j'ose vous assurer que vous n'auriez pas long-tems à déclamer contre nos spectacles, que vous rendriez bientôt déserts. Je n'aime point à supposer, parce que les suppositions ne me satisfont pas, & que je doute que les autres s'en contentent plus facilement. Essayons s'il ne seroit pas possible de découvrir le sentiment que doit exciter en nous l'action que vous prêtez à Titus. Le plaisir que nous procure une action théatrale naît de l'intérêt, vous en convenez dans votre ouvrage. Tant que Titus balancera entre l'amour du devoir & l'amour de Berenice, nous entrerons dans ses peines, son attachement à la vertu qui le fait résister à la force de sa passion, le rendant digne de notre estime; nous le plaindrons d'autant plus qu'il fera plus d'efforts, & que par conséquent il souffrira davantage; mais dès l'instant qu'il succombera, nous cesserons de le plaindre; puisqu'il n'aura plus besoin de notre pitié ; si nous avions même prévû qu'il dût ceder, nous nous serions épargné une compassion inutile ; & comme nous sommes persuadés que cette passion de préférence pour un seul objet, n'est pas un penchant absolument insurmontable à la vertu, nous n'aurions pas sûrement regardé comme estimable un homme qui n'a pas la force d'y résister. Que résulteroit-il donc de cet admirable denouement ? Que le bonheur de Titus qu'il acheteroit aux dépens de la félicité des Romains, ne doit plus nous intéresser, parce que nous ne craignons plus de le voir malheureux. Quelle part pourrions-nous prendre à la satisfaction qu'il va goûter ? Peut-il émouvoir notre compassion ? Il n'y a là ni pitié ni terreur : il est content, à la bonne heure. Peut-on l'approuver, de ce qu'ayant balancé long-tems entre l'amour de lui-même & l'amour du genre humain, il s'est enfin donné la préférence ? Je cherche envain quelle autre impression il peut faire sur nous, & je ne vois que celle que produit tout homme qui s'aime plus que les autres. Cet amour de soi, indépendamment de tout, le sépare de l'intérêt commun; & la plus grande faveur qu'on lui puisse accorder, est de n'avoir aucune inquiétude sur son bonheur. Mais comme dans ce denouement il ne s'agiroit pas seulement de lui, mais du sort de l'Empire, après nous être mis à la place de *Titus*, mettons-nous un moment à la place des Romains, qui vont être privés du bonheur dont ils espéroient jouir sous son regne. Que penserons-nous du sacrifice qu'il fait ? Il auroit beau nous prouver par un discours patétique, qu'on doit commencer par soi-même, que *Berenice* est trop aimable, qu'il aime mieux regner sur elle que sur nous, & qu'il nous prie de nous consoler de sa perte; il ne lui seroit jamais possible de nous persuader que *Titus* n'étoit pas comptable de ses vertus au genre humain. Je vous interroge vous-même; pouvez-vous être heureux par l'image du plaisir d'un autre, lorsque ce plaisir vous est prejudiciable ? Qu'il garde l'Empire, dirions-nous, ne peut-il pas aimer *Berenice* sans l'épouser? A-t-elle le droit de le dérober à l'univers, dont il doit faire les délices? Il l'aimoit avant de parvenir à l'Empire: nous ne demandons pas qu'il cesse d'être tendre; qu'il se contente de ne pas contracter un hymen qui choque le préjugé Romain; & si *Berenice* est digne de lui, elle sera la premiere à lui conseiller de conserver l'Empire. Nous reviendrons au dénouement de M. Racine. Si malgré la beauté de la versification, & la sagesse de la conduite, cette piece est une des moins intéressantes de son illustre Auteur, c'est que l'obstacle aux amours de *Titus* & de *Berenice* n'est fondé que sur un préjugé national.

L'unique fin de la Tragedie est de peindre les vertus & les vices; elle est également instructive dans ce double effet: on apprend à ne pas ressembler aux méchans; car comme disoit le vieux *Caton*: *Les sages ont plus à apprendre des fous, que les fous des sages.*

On s'éclaire sur le danger des passions ; on s'habitue à en rectifier l'usage sur les loix de la justice. Les exemples vertueux nous excitent au bien ; notre amour pour la vertu acquiert de nouvelles forces : le but de l'art n'est pas de l'embellir, car elle n'est pas susceptible d'embellissemens, mais de l'exposer dans son plus grand jour, afin qu'on la connoisse, & qu'on la distingue du fanatisme.

Il n'appartient pas à l'homme d'être parfaitement vertueux ; il n'est pas en lui d'être absolument vicieux ; c'est par cette raison qu'on se sert de couleurs fortes au theâtre pour peindre les vices & les vertus. Comme notre penchant pour les unes ou les autres est susceptible d'accroissement, où donc est le danger d'une imitation chargée, qui augmente ou retient ce penchant ? La haine pour les scélérats n'est pas l'ouvrage de l'Auteur ; c'est un sentiment qu'il ne fait que déveloper & fortifier en nous. L'habitude de juger les méchans sur la scene, éclaire &

perfectionne nos idées de justice. L'amour du beau moral *inné* dans l'homme (je parle d'après vous) il faut le mettre en action, sans quoi il ne seroit qu'une faculté stérile : tout ce qui sert à exercer notre sensibilité doit être estimé avantageux : la Tragedie opere cet effet, elle est donc bonne par elle-même.

Le plaisir du Comique est fondé sur un vice du cœur humain ; plus la Comedie est parfaite, plus son effet est funeste aux mœurs. Pour connoître la verité ou la fausseté de cette assertion, il faut examiner la nature de la Comedie, & remonter à la source principale du plaisir qu'elle produit. Le plaisir de la Comedie est fondé sur le rire ; il s'agit de sçavoir si le rire est une faculté vicieuse. Sur quels objets cette faculté s'exerce-t-elle ? Sur toutes les imperfections ; qui sont les sujets ordinaires des plaisanteries comiques. La raillerie n'est pas l'arme favorite du vice, comme vous l'affirmez ; le ridicule est un remede temperé dont la vertu se sert pour réprimer le vice en l'humiliant. L'emportement est le plus souvent l'arme de l'hypocrisie & du fanatisme. Le mepris & l'indignation ne sont pas toujours employés par les hommes vertueux pour écraser les méchans ; ils s'en servent rarement au contraire, & n'ont recours à ces armes rigoureuses, que lorsqu'Ils ne peuvent parvenir à les corriger par des voyes plus douces. S'efforcer de rendre les hommes meilleurs, voilà l'emploi des sinceres amateurs de la vertu. Les méchans sont ordinairement de mauvais plaisants : le ridicule n'est pas une arme si facile à manier que vous le pensez. Un vicieux fait horreur quand il s'en sert contre la vertu : la raillerie ne lui sied pas : il est fait pour en être l'objet. Mais la plaisanterie, lorsque la raison s'en sert habilement, est un moyen efficace pour ramener les méchans, & les engager à faire au moins les premiers pas d'un retour utile sur eux-mêmes, en réveillant dans le fonds de leurs cœurs ces sentimens de bonté & de justice que vous reconnoissez dans tous les hommes. Le ridicule les surprend : leur amour propre est étonné de leur propre difformité ; ils n'étoient pas en garde contre ce trait inattendu : le mépris & l'indignation les auroient révoltés.

Sur nos Theatres, jamais la vertu n'a fait rire : je ne dis pas seulement les honnêtes gens ; mais même ses plus grands ennemis, ceux qui s'en sont éloignés par leurs dereglemens. Lorsqu'un homme sincere & crédule est trompé par un fripon ingénieux, on rit, non de sa candeur qui est respectable, mais du défaut de lumieres qui l'a fait tomber dans le piége. S'il avoit réuni la prudence à la sincerité, & qu'on l'eût mis en opposition avec l'homme ingénieux, mais de mauvaise foi, le dernier seul eût excité notre mépris ; & si ses actions n'eussent pas été de nature à produire des effets funestes, le rire n'eût éclaté que contre lui-seul. Que résulte-t-il de cet effet de la Comedie ? Une leçon à l'homme vertueux d'être fur fes gardes : c'eft un avertiffement du danger dont il eft menacé. Tous les jours les honnêtes gens font expofés par leur peu d'attention, à devenir les victimes des méchans : la Comedie par ces exemples utiles les éclaire fur leurs véritables intérêts. Si je ne craignois de nous engager dans une trop longue difcuffion, il me feroit facile de vous multiplier les exemples. J'ai choifi celui de l'honnête homme trompé par le fripon ; parce que c'eft une des plus abondantes fources du ridicule que la Comedie employe, & que vous l'avez choifi vous-même.

Il ne me refte plus qu'à parcourir avec vous les Comedies que vous citez, & qui effarouchent votre zele pour la vertu. Un fripon gentilhomme dupe un bourgeois entêté de nobleffe. Ce n'eft point le gentilhomme qui eft le perfonnage intéreffant de la piece : *Moliere* ne s'attache pas à couvrir fa friponnerie du voile d'une apparente honnêté ; on voit que fon unique deffein eft de montrer à quel degré d'erſeur & d'impertinence peut parvenir un bourgeois, qui s'expoſe ſans lumieres à franchir les bornes de ſon état. Oſeroit-t-on ſoutenir que ce n'eſt pas le but de l'Auteur, qu'il ne l'a pas atteint, & que cette leçon n'eſt pas utile? Eſt-ce à l'imprudence de la fille de *M. de Sottenville* que le Parterre applaudit, ou à la punition de *Georges Dandin*? Pour en être éclairci, examinez la piece. Rien de plus froid que les ſcenes où cette femme criminelle eſt ſeule; le rire ne s'éveille que lorſque ſon mari eſt témoin des affronts qu'elle lui fait. N'eſt-ce pas une leçon aux hommes que l'ambition engage à former des nœuds mal aſſortis? Si *Georges Dandin* & ſa femme étoient de même âge, de même condition; s'ils ne differoient pas par les principes de l'éducation primitive, & qu'il fût trahi par ſa femme, ſûrement il ne ſeroit pas ridicule. J'ai aſſiſté très-ſouvent aux repréſentations de l'*Avare*, jamais je n'ai vû rire, lorſque le fils d'*Harpagon* répond à ſon pere qu'il n'a que faire de ſes dons. On rit de voir un fils, qui vole un pere, dont l'avarice l'a réduit à cette extremité vicieuſe, mais moins criminelle que la parcimonie outrée d'un homme en qui la cupidité des richeſſes étouffe tout autre ſentiment. L'*Avare* eſt puni trop doucement par le ridicule qu'on jette ſur toutes ſes actions. Prêter à uſure eſt un vol. Les biens ne ſont rien pour celui qui s'en refuſe l'uſage, auſſi bien qu'aux autres. Qu'apprend-on en voyant l'*Avare*? Qu'il faut être juſte dans l'emploi des richeſſes; qu'il ne les faut pas dérober à la ſocieté; que les enfans y ont une part légitime; qu'en ſe concentrant, qu'en enſeveliſſant, pour ainſi dire, ſon ame dans ſon tréſor, on ſe rend mépriſable aux yeux même de ſes enfans, auxquels on ne devroit inſpirer que des ſentimens de vénération & d'amour; que ce n'eſt pas aſſez d'avoir contribué en machine aveugle à leur exiſtence, pour exiger leur reſpect, il faut s'en rendre digne par ſes vertus. Le fils qui manque d'égards pour un pere, quoique

quoique peu respectable d'ailleurs, n'est pas cependant excusé, il n'est pas-là pour se faire aimer, il partage le ridicule avec son pere; & s'il y a quelques objets intéressans dans la piece, ce n'est pas surement le fils d'*Harpagon*, mais la tendresse innocente d'*Elise* & de *Valere*.

Moliere, selon vous, *n'a point prétendu corriger les vices, mais les ridicules*. S'il a corrigé le ridicule, & que le ridicule ne prenne sa source que dans le vice, votre distinction est défectueuse. L'*Avare*, le *Tartuffe* sont des personnages vicieux: je crois qu'il est inutile de le prouver. La sottise de *Georges Dandin* & du *Bourgeois Gentilhomme* tire son origine de l'orgueil. L'orgueil est-il un vice? L'*Ecole des Maris* peint & couvre de ridicule un homme défiant. La jalousie, ce sentiment odieux, qui produit quelquefois de si funestes effets, est exposée à l'opprobre qu'elle mérite. Est-ce un vice que la jalousie? En un mot, parcourez toutes les Comédies de *Mo-*

liere, vous verrez partout le ridicule émaner du vice, qui est son unique source.

Je finis l'examen des pieces de *Moliere* que vous avez citées, par la Comédie du *Misantrope*, sur laquelle vous vous êtes le plus étendu. Je ne m'arrêterai pas à réfuter vos observations critiques sur la conduite de cette Comédie : c'est un objet étranger à notre question. Quel est le dessein de *Moliere* dans le portrait qu'il nous donne d'Alceste? Celui de représenter un honnête homme, dont la vertu rigide est accompagnée d'imperfections blâmables, & qui ne sont que trop capables de défigurer ses meilleures qualités. Le but de la Comédie est de corriger les hommes; & les honnêtes gens sont dignes de ses plus grands efforts. C'est en leur faveur qu'elle doit réunir ses traits les plus vifs, pour les préserver des excès auxquels ils peuvent s'emporter. Il faut aimer la justice, c'est une maxime générale; mais pour en faire l'application, il faut la connoître. On peut tomber dans l'égarement, non par une surabondance d'amour pour la vertu, mais par un emportement déplacé contre les hommes qui sont assez malheureux pour s'en écarter, cet emportement est contraire à la raison, qui ne choisit jamais les extrémités. La modération est inséparable de l'équité : l'homme juste sçait que nos connoissances sont bornées comme notre être : il craint toujours de franchir les limites. Il y a un terme par-delà lequel nos lumieres se changent en ténebres, & notre zele dégénere en fanatisme. Dès-lors on commence à être injuste ; c'est-à-dire, à ressembler à ces hommes contre lesquels on s'éleve avec trop de violence : on s'imagine être raisonnable, on paroît absurde : ce n'est point par excès de vertu ni de raison ; car la raison & la vertu ne sont pas susceptibles d'excès, c'est erreur de l'esprit, c'est vice d'imagination. En disant qu'on aime la vertu, acquiert-on le droit de blâmer tout ce qui n'est pas conforme à notre façon de penser, & de s'exclure seul du mépris général, & de l'indignation dont on veut accabler le genre humain? Cette prétention monstrueuse, qui prend sa source dans l'humeur, pénetre aisément toute l'ame, si la raison n'oppose une digue à la rapidité du torrent, & ne nous ramene à des sentimens plus doux: on devient cruel & vicieux en prêchant sans cesse la vertu & l'humanité: on substitue le chagrin, la colere, les passions les plus incommodes à la société, à la place de l'honneur & de la probité qu'on a sans cesse dans la bouche, & dont on a défiguré les idées dans une imagination déréglée, & l'on finit comme *Alceste par chercher sur la terre un endroit écarté, où d'être homme d'honneur on ait la liberté*; c'est-à-dire, homme d'honneur à sa maniere, en vivant seul.

Les Comédies d'intrigue, inférieures sans doute, ou attaquent des imperfections moins caractérisées, ou nous intéressent par quelques avantures imaginaires, & ne réussissent qu'à proportion du dégré de vraisemblance qu'elles nous présentent. Dans toutes ces pieces, c'est toujours par le contraste des bonnes & mauvaises qualités des personnages qui agissent, que notre attention est fixée : & indépendamment de la sage administration de tout peuple policé, le Public seul suffiroit pour réprouver toute piece où l'Auteur s'attacheroit à rendre le vice aimable, & la vertu méprisable.

Regnard, dites-vous, *se charge d'encourager les filoux*; & pour le prouver, vous citez, non le *Joueur*, mais le *Légataire*. *Eraste, l'honnête homme de la piece, s'occupe avec son cortege de soins que les Loix payent de la corde. Faux acte, supposition, vol, fourberie, mensonge, inhumanité, tout y est employé.* Je conviens que si toutes les Comédies ressembloient au *Légataire*, on n'en pourroit pas recueillir tout le fruit dont la Comédie est susceptible. Mais remarquez que c'est une piece uniquement d'intrigue, presque dénuée d'intérêt, une piece par conséquent du dernier ordre, où l'on ne laisse pas cependant d'appercevoir encore le but toujours constant de l'art du Théâtre, qui est la peinture des mœurs, & le ridicule toujours jetté sur les personnages vicieux : car enfin, de quoi rit-on dans cette piece? De l'embarras des personnages, embarras où les jette le desir de s'approprier les dépouilles du défunt. Leur avidité paroît d'autant plus ridicule aux spectateurs, que leurs prétentions sont le moins fondées. *Crispin* a moins de droit qu'*Eraste* à la succession du bon homme *Geronte*, aussi fait-il plus rire que son maître, parce qu'il est plus injuste, par conséquent plus méprisable.

Comme vous dites vous-même, *Que nos Auteurs modernes, guidés par de meilleures intentions, font des pieces plus épurées*; je n'aurois plus rien à vous opposer sur la nature de la Comédie, si je pouvois passer sous silence le jugement que vous portez des pieces modernes. *Elles instruisent beaucoup*, selon vous, *mais elles ennuyent encore davantage, autant vaudroit aller au sermon.* Je vous avoue que malgré la profonde vénération que je m'efforce de vous conserver, je vous demande la permission de condamner sans ménagement ce parallele indécent. Je ne l'attendois pas d'un Philosophe, d'un homme persuadé qu'on ne peut être vertueux sans religion, d'un homme qui dans le commencement de son ouvrage justifie avec tant d'aigreur les Ministres de Geneve, de l'imputation de *Socinianisme.*

Vous comparez l'ennui occasionné par les pieces nouvelles, à l'ennui qu'on éprouve au sermon. Les Auteurs de notre siecle ne rougiront pas sûrement d'être confondus par vous avec les *Bourdaloues*, les *Massillons*, les *Segauds*, les *la Neuville*: il est honorable d'être proscrit en aussi bonne compagnie. Si un sermon opere cet effet sur vous, devez-vous en accuser le Prédicateur, ou votre disposition naturelle à vous ennuyer de toute morale qui n'a pas été sublimée dans votre laboratoire? Ne vous en prenez qu'à vous-même: c'est jalousie de métier: c'est ce desir inextinguible, de vous ériger en réformateur universel, qui vous dévore. Prédicateur né du genre humain, vous vous croyez seul appellé à cette importante fonction: vous pensez que tous ceux qui se mêlent d'instruire sont ennuyeux, toujours en vous exceptant de cette loi commune, à laquelle vous soumettez tous les autres. Il faut, je pense, ranger cette opinion au nombre de vos suppositions, dont le fréquent usage vous paroît si commode. Heureusement en vous imaginant avoir prononcé quelque chose, vous n'avez rien dit; car les pieces nouvelles, *qui*, selon vous, *instruisent beaucoup*, sont aussi très-agréables, à moins que selon votre maxime ordinaire, vous ne prétendiez conclure, que l'affluence des spectateurs & les applaudissemens qu'on leur donne, sont l'effet de l'ennui qu'elles nous procurent.

J'ignore si un homme de génie peut inventer un genre de pieces, préférable à ceux qui sont établis ; mais ce nouveau genre, dites-vous, auroit besoin des talens de l'Auteur pour se soutenir, & périroit nécessairement avec lui. Pourquoi ne penseriez-vous pas, que ce genre nouveau dût se perfectionner ? Cela est au moins douteux, & si je voulois déterminer l'affirmative pour moi, j'aurois à vous opposer toutes les découvertes des hommes, perfectionnées & portées au-delà des vûes de leurs premiers inventeurs. En attendant que quelque heureux créateur donne l'être à un genre nouveau, dont l'effet rende encore nos Théâtres plus agréables & plus utiles, renfermons-nous dans les genres connus jusques à présent. Ils représentent l'homme dans les actions les plus importantes de la vie : les tableaux qu'ils nous offrent nous retracent les vertus dont nous sommes capables, & les foiblesses auxquelles nous sommes exposés. Annoncer la vertu, c'eſt rappeller l'homme à lui-même : le vice, dans quelque attitude qu'on le place, ne peut changer de nature : dès qu'il ſe montre, il excite notre averſion, & l'on ne peut trop connoitre les déguiſemens qu'il employe pour nous ſéduire, cette connoiſſance ſert à nous précautionner contre ſes ſurpriſes. Si quelque choſe eſt capable de contenir la fougue des paſſions ſous les loix modérées de la raiſon, c'eſt un art qui peut, en les faiſant agir, nous faire ſentir leurs forces, l'étendue de leurs mouvemens, nous indiquer quelles barrieres nous pouvons leur oppoſer, & nous conduire, par une combinaiſon inſenſible, à marquer les différens dégrés de conſentement qu'il nous eſt permis d'accorder à ces penchans ſi néceſſaires & ſi dangereux. Un tel art, loin d'être regardé comme nuiſible, ne doit pas être mis au rang des amuſemens indifférens, puiſque de votre aveu *le cœur de l'homme eſt toujours droit, ſur tout ce qui ne ſe rapporte pas perſonnellement* à *lui-même*, & que par conséquent il n'est pas à redouter, que les spectateurs se trompent dans les jugemens qu'ils porteront d'une action qui ne se rapporte pas à eux personnellement; & qu'au contraire il y a tout lieu d'espérer, que s'il se présente quelqu'occasion pareille, ils se jugeront comme ils ont jugé les autres, & feront sur eux-mêmes l'application de leurs propres maximes. Il est redoutable au crime dont il démasque la difformité, il est avantageux à la vertu, en réunissant sous le point de vûe les plus précis les traits qui la rendent aimable. L'art du Theatre, bon en lui-même, doit être compté parmi les inventions les plus utiles à l'humanité.

Pour affirmer que l'art Dramatique ne peut s'allier avec les mœurs, il faudroit avoir prouvé que la morale du Theatre est différente de celle du monde; ce que vous n'avez pas fait, ni pû faire. La vertu ne varie point. S'habiller, ou penser en Romain, n'est pas la même chose, comme vous voudriez le persuader. Cette pensée est plus éblouissante que solide. On ne s'habille plus comme les Romains ; mais l'élevation des sentimens ne dépend point de l'habillement : la noblesse de l'ame est de tous les tems, & n'est point sujette aux vicissitudes de la mode.

Vous reprochez à notre Theatre d'avoir cherché à donner plus d'énergie au sentiment de l'amour, pour substituer aux situations prises dans les intérêts de l'Etat qu'on ne connoît plus. Appartient-il au Theatre de discuter les intérêts de l'Etat ? Ces intérêts, qui varient à l'infini par cette multitude de circonstances qui se succedent sans interruption, sont confiés aux soins du gouvernement ; & de quelle utilité pourroient être les verités que cette discussion feroit découvrir ? Des verités que le Prince & le Ministre connoissent mieux que nous, & dont eux-seuls ont le droit de faire l'application. Le but de l'art Dramatique est de former les hommes à la vertu, & de perfectionner les moeurs. Il faudroit un public composé de Souverains, pour tirer quelque utilité d'un poëme qui ne seroit fondé que sur les situations prises dans les intérêts de l'Etat ; encore en faudroit-il de nouveaux à tous les changemens de circonstances, pour en pouvoir recueillir quelque fruit : chaque mutation exigeroit une production nouvelle : la leçon du jour ne seroit plus celle du lendemain : les évenemens ne sont jamais les mêmes ; mais la vertu ne change point, & son influence sur les mœurs est invariable.

Vous accusez les Auteurs de concourir à l'envi, *pour l'utilité publique, à donner une nouvelle énergie, un nouveau coloris à l'amour.* Cette passion est nécessaire, & n'est, ainsi que toutes les autres, dangereuse que par l'abus. C'est travailler pour le genre humain, que de l'assujettir aux regles d'une morale pure, & d'indiquer l'usage de ce sentiment délicieux. Interrogez la nature, elle vous devoilera ses mysteres : l'art Dramatique nous exhorte à ne pas les profaner par des excès pernicieux ;

il couvre cette passion du voile de la décence. Si la modestie & l'honnêteté étoient exilées de la terre, vous trouveriez encore leurs vestiges chez *Thalie* & *Melpomene*.

L'amour est le regne des femmes. Pur galimatias, définition louche. L'amour est le penchant mutuel des deux sexes pour opérer une des plus nobles fins du Créateur : il n'est pas plus le regne des femmes que celui des hommes : la résistance du sexe le plus foible, balance l'avantage que la puissance donne au plus fort, & les rend égaux. Cet ordre naturel est, ainsi que tous les autres ordres, un juste partage reglé par une providence équitable.

Une femme aimable & vertueuse n'est pas un être de raison, comme vous le prétendez, en demandant : *Où se cache-t-il ?* Vous êtes à plaindre si vous les avez trouvées dans la société si différentes de celles qu'on représente sur la scene. Peut-être que déterminé par cette façon de penser, qui semble vous être particuliere, vous ne vous êtes attaché qu'à des femmes sans graces & sans vertu : elles vous ont fait concevoir une idée peu avantageuse de leur sexe, & vous en avez tiré des conséquences à votre maniere. En supposant même que vous ayez de bonnes raisons d'en juger ainsi, vous concluez contre vous-même ; & je n'aurois besoin, pour vous confondre, que de tourner votre argument contre vous ; car si le Theatre offre des modeles de vertu si supérieurs aux femmes que vous avez rencontrées dans la société, il seroit absurde de dire que ces modeles, en influant sur les mœurs, sont capables de les corrompre.

Vous ne voulez pas qu'on rende sur le Theatre *les femmes précepteurs du public, cela leur donne*, dites-vous, *sur les spectateurs, le même pouvoir qu'elles ont sur leurs amans ; c'est étendre leur empire.* Vous voudriez même, pour l'édification des mœurs, qu'à l'exemple des Anciens, les rôles des filles à marier ne représentassent jamais que des filles publiques. Toutes celles qu'une mauvaise éducation, l'exemple, ou des circonstances malheureuses, ont engagées à se dévouer au service de la Patrie, sous l'étendart de la volupté, vous doivent un remerciement; mais ne donnez pas vos maximes pour regle : laissez aux femmes vertueuses le droit de nous attendrir sur la scene, & de nous donner, ainsi qu'à leur sexe, des leçons de vertu. Cette vertu qui vous est si précieuse, que tout le monde aime, est commune aux deux sexes : il est dans le monde plus d'une *Constance*, & plus d'une *Cenie*. La vertu perdra-t-elle de son prix, parce que c'est une femme aimable qui nous l'annonce ? Aimeriez-vous mieux le crime préconisé par une *Laïs* ou une *Rodhope*, pour offrir les dépouilles du vice comme un holocauste à la vertu ? Je craindrois de vous refuter sérieusement, & je veux croire que vous sentez toute la fausseté de ce qu'une effervescence momentanée vous a fait écrire contre cette aimable moitié du genre humain. Si j'ose ici réclamer ses droits, n'allez pas, je vous prie

prie, vous imaginer que ce soit un effet de mon antipatie pour elle. Il n'appartient qu'à vous d'écrire contre les femmes, que vous idolâtrés, en faveur de la danse, que vous détestez, & contre les spectacles, que vous aimez à la passion. Vous êtes heureux, si cette opposition de vos sentimens à vos écrits est par tout égale.

En parcourant toutes les pieces modernes, c'est toujours une femme qui fait tout, qui apprend tout aux hommes; c'est toujours la Dame de cour, qui fait dire le catechisme au petit Jean de Saintré. Un enfant ne sçauroit se nourrir de son pain, s'il n'est coupé par sa gouvernante... La bonne est sur le Theatre, & les enfans sont dans le Parterre. Voilà l'image de ce qui se passe aux pieces nouvelles. Vous avez raison de détester la raillerie, & pour la premiere fois vous montrez votre goût conforme à vous-même. Ce froid badinage doit vous apprendre, ainsi qu'à vos lecteurs, combien le rire vous est étranger, il vous fait faire la grimace; & si l'on rit, ce n'est pas certainement d'une aussi mauvaise plaisanterie? Ce n'étoit pas la peine, pour vous efforcer si infructueusement d'être plaisant, d'avancer contre la verité, que dans les pieces modernes c'est toujours une femme qui fait tout. Il n'y en a pas une seule où les hommes ne soient chargés, ainsi qu'elles, du soin de nous instruire. *Theodon* ne le partage-t-il pas avec *Melanide*, *Damon* avec *Constance*, *Dorimon* avec *Cenie*, *&c?* Où donc est cette superiorité pretendue?

Ce que vous dites de l'ascendant que le Theatre donne aux jeunes gens sur les vieillards, n'est pas mieux fondé. *Auguste*, *Glaucias*, *Luzignan*, *Burrhus*, *Narbas*, *Palamede*, font-ils dans nos Tragedies des personnages de tyrans ou d'usurpateurs? *Euphemon*, *le Pere du Philosophe marié*, *le Frere de l'Ecole des Maris*, *Ariste dans le Méchant*, *Dorimon dans Cenie*; une foule d'autres vieillards rendus respectables sur la scene, sont-ils des témoignages de l'avilissement que le Theatre s'efforce de répandre sur la vieillesse? Il est vrai qu'on y produit aussi des vieillards que la soif de commander rend cruels, ou que des foiblesses, sous le nom de passions, rendent ridicules. Suffit-il, selon vous, d'être vieux pour s'ériger en oracles? Où en seroit la raison humaine, si après avoir été la plus grande partie de sa vie le jouet de mille erreurs; si en multipliant les plus faux raisonnemens, en adoptant comme des dogmes merveilleux, les opinions les plus outrées; parvenu enfin par une longue habitude à se faire un systême extravagant, un vieillard avoit acquis le droit de nous donner ses sentimens pour regle? Devons-nous l'en croire aveuglément sur sa parole, parce qu'il a beaucoup vécu? Un homme à soixante-dix ans, n'a pas quelquefois une raison de deux jours. Je conviens que les vieillards sont difficilement corrigés; mais ils ne sont mis là que pour l'instruction d'un âge plus susceptible d'en recevoir. L'humanité doit de tendres égards aux vieillards qui radotent, parce qu'ils sont hommes; mais ses respects sont réservés pour cette vieilleſſe vénérable qui a augmenté ſes lumieres naturelles par le flambeau de l'expérience, qui longtems expoſée aux aſſauts des paſſions, a connu la nature des forces que la raiſon peut oppoſer à leur fougue trop impetueuſe ; qui par la pratique conſtante des vertus, ſçait allier l'indulgence à la ſéverité, & connoît enfin par elle-même que la modération eſt la fin la plus ſublime où puiſſe atteindre la ſageſſe humaine. On s'attache au Theatre à nous faire diſtinguer les vieillards eſtimables, des imbecilles, des *Gerontes*, dont la Comedie nous fait ſentir les défauts : on apprend à ne leur pas reſſembler, & à nous défier de toute erreur à laquelle l'autorité de l'âge pourroit donner un ton impoſant. On n'apprend point à la Comedie à manquer de reſpect aux vieillards ; mais ſeulement à ne pas donner à leurs opinions un conſentement ſans examen.

Les ſpectacles ne diſpoſent point à des ſentimens trop tendres : le ſentiment de l'amour eſt dans la nature de notre être : ils épurent ce ſentiment ; ils le dirigent vers un but légitime. C'eſt chez les Peuples dépourvûs de cet amuſement inſtructif, que l'amour eſt le plus ſujet à s'égarer. Les *Aſiatiques* n'ont rien de ſemblable à nos Tragédies & nos Comedies ; cependant cette paſſion devient le plus ſouvent chez eux une agitation violente, qui degénere preſque toujours en fureur, & qui avilit la nature humaine. Ce ſentiment délicat fortifié dans nos villes de l'Europe civiliſée par le commerce des deux ſexes, ne produit point chez nous les excès auxquels les *Turcs* & les *Perſans* ſe laiſſent emporter : on ne voit point l'amour barbare avilir la nature, l'outrager juſques dans le ſanctuaire de la génération, ſacrifier par une précaution criminelle l'eſpece humaine à ſa honteuſe jalouſie, & créer des monſtres pour anéantir ſes ſoupçons. La ſageſſe chez nous n'eſt point enchaînée, tandis que l'impudence eſt aux fers dans les Sérails de *Conſtanti-*

nople, remplis de Georgiennes & de Circassiennes que le vil intérêt a formées dès l'enfance à la pratique la plus hardie & la plus effrenée des mysteres de l'amour, pour augmenter leur prix aux yeux d'un maître voluptueux.

On s'instruit au Theatre à faire de l'amour l'usage le plus conforme à la raison, à respecter la vieillesse respectable, à s'attendrir en faveur des malheureux, à sentir le prix de la vertu, & à connoître combien le vice est odieux & ridicule; & il ne peut résulter des leçons qu'on y recueille, que des clartés avantageuses aux moeurs.

Un art qui a pour objet la perfection de la morale, dont la fin est d'engager tous les particuliers qui composent la societé, à tendre au bien general, non-seulement doit être reçu par tout gouvernement équitable, mais même protegé & encouragé en proportion des avantages qu'il procure. L'administration publique régit un Etat par les moeurs & par les loix; l'empire des loix pese d'autant-plus à ceux qui sont chargés du soin de les faire observer, que les mœurs de ceux qui ſont ſoumis à leur autorité, y ſont oppoſées : la puiſſance légiſlatrice a beſoin à tous momens de redoubler ſes efforts pour les contenir. Les loix deviendroient impuiſſantes ſur un peuple ſans mœurs : une nation dont la morale ſeroit parfaite, n'auroit pas beſoin de loix : les mœurs peuvent tout ſans les loix ; & les loix ne peuvent rien ſans elles. Mais comme ces deux extrémités n'exiſtent point, & que telle eſt la nature de l'homme, que les mœurs ſoient mélangées, un art qui tend à les perfectionner, prête une nouvelle force aux loix, & facilite par conſequent les opérations du gouvernement.

L'hiſtoire de l'univers nous montre plus de vices chez les peuples privés de cet amuſement plus utile encore qu'agréable, que partout ailleurs. Pour n'être point accuſé de chercher mes avantages, je choiſis un exemple, non chez les nations barbares, mais dans le ſein de la Grece, chez un Peuple dont le fanatiſme des zélateurs de l'antiquité fait son idole. J'entens sans cesse célébrer la sagesse & la pureté des loix & des mœurs de *Sparte*; qu'offre donc de si admirable ce Peuple qu'on propose comme le sublime modele de la plus parfaite législation? Un Peuple, où sans égard pour l'humanité, une partie des habitans, sous le nom d'*Islotes*, gémissoit sous le poids accablant du plus dur esclavage, qui ne connoissoit presque d'autre vertu que la force & le courage, qualités estimables, mais qui deviennent pernicieuses, lorsqu'elles donnent l'exclusion aux autres. Ces loix si vantées auroient dû inspirer à leurs observateurs les sentimens les plus nobles & les plus relevés de la véritable générosité, sans laquelle on n'a que des idées imparfaites de la justice. Les *Lacedemoniens* devoient être les plus grands des hommes, le premier Peuple de la Grece. Je demande si l'on peut être équitable sans humanité; & si l'abus de la victoire n'est pas l'injustice la plus révoltante, d'autant plus que le vainqueur, arbitre des vaincus, ne peut s'excuser sur la nécessité qui le contraint d'adopter des maximes odieuses ; il dicte ses loix en pleine liberté, rien ne l'empêche de consulter la vertu. Voyons quel monument de justice ils laisserent dans Athenes, lorsqu'ils s'en emparerent sous *Lysander*, qui termina par sa prise la guerre du Peloponese. Maîtres du sort de cette ville infortunée, dont les armes unies aux leurs, avoient tant de fois contribué à la défense commune de la liberté de la Grece ; ces *Spartiates* si jaloux de la liberté, qui pensoient qu'on cessoit d'être homme en cessant d'être libre, n'eurent pas de honte d'être eux-mêmes les artisans de la servitude, & de forcer les *Atheniens* de recevoir chez eux la domination injurieuse de trente tyrans. Est-ce à l'école des tyrans, que le Theatre représente toujours comme des monstres, qu'ils avoient puisé ces principes d'inhumanité ? Quelle morale de Tragédie avoit pû leur apprendre à souiller leur triomphe ? Il n'y avoit point de Theatre à Sparte ; il auroit corrompu leurs mœurs : des personnages imaginaires représentant la difformité des vices eussent été dangereux ; mais ils faisoient enyvrer leurs esclaves pour instruire leurs enfans ; mais ils permettoient, ils encourageoient même le vol réel, pour se rendre plus soigneux & plus adroits ; c'est-à-dire, qu'il falloit qu'une partie des citoyens commît de mauvaises actions pour l'édification de l'autre. La passion de l'amour tendant à une union légitime, eût alteré les principes de sagesse d'un peuple dont les jeunes gens alloient prendre leurs femmes dans une maison obscure, où les filles renfermées attendoient qu'on vînt les épouser sans les voir ; mais en récompense ils avoient des danses publiques, où les filles dansoient toutes nues avec les garçons : aussi avoient-ils des idées si relevées de la décence & de l'honnêté, que vaincus par *Aristodeme* Roi des *Messeniens*, qui les avoit taillés en pieces, ils ne firent pas difficulté de prostituer leurs femmes & leurs filles, pour favoriser la population. Voilà les mœurs respectables de ce peuple : voilà le digne fruit de l'extrême sévérité des loix de *Lycurgue*. Ce qui prouve que les loix les plus sages ne sont pas celles dont la violence brise, mais celles dont l'équité dirige les mouvemens de la nature. Voit-on moins de courage & de constance chez les Atheniens que chez eux ? Les *Solons*, les *Socrates*, les *Aristides*, les *Themistocles*, les *Phocions* n'égalent-ils pas les *Lycurgues*, les *Agis*, les *Leonidas*, les *Pausanias*, &c ?

Lycurgue outra les principes de sa législation, en donnant tous ses soins à perfectionner la vertu militaire aux dépens de toutes les autres. Il vouloit former une République toute guerriere : il y parvint ; mais n'auroit-il pû réussir à moins de frais ? Les *Lacedemoniens* ont été aussi souvent vaincus que vainqueurs, & les autres peuples de la Grece, conduits par des loix moins austeres, leur ont prouvé plus d'une fois que le courage n'étoit pas un attribut exclusif de l'âpreté des mœurs. Un habitant de l'Attique, qu'auroit dû amollir la représentation familiere des Ouvrages de *Sophocle*, d'*Euripide* & d'*Aristophane*, se mesuroit sans crainte avec un farouche défenseur des bords de l'*Eurotas*. Même intrépidité, même amour de la patrie, même oubli de sa propre conservation, lorsqu'il falloit la sacrifier à la défense commune.

On peut juger par ces effets que les spectacles ne sont pas capables d'énerver le courage. De l'Antiquité, dont le gouvernement en bien des parties est pour nous une énigme difficile à éclaircir, descendons à notre siecle. Un Héros dont la France regrette encore la perte, qui pouvoit compter les opérations de ses campagnes par ses succès, à qui l'on ne peut refuser la supériorité des vertus militaires, juste appréciateur du courage, *le Maréchal de Saxe*, étoit si éloigné de penser que les spectacles puffent diminuer l'intrépidité, qu'il vouloit même qu'ils accompagnaffent nos guerriers à l'armée. Là parmi le tumulte des armes, les embarras d'un décampement, les travaux journaliers d'un fiege, les préparatifs d'une bataille, les Comédiens tranquilles & protégés repréfentoient à l'ombre des lauriers de la Nation. Nos généreux guerriers couroient affronter les plus grands périls à la tranchée ou au combat, au fortir d'une repréfentation du *Préjugé* ou d'*Alzire*, fans avoir befoin qu'un *Tyrtée* moderne leur modulât fur fa flûte les différens tons de la valeur.

Je crois avoir fuffifamment prouvé par ces exemples, que le Gouvernement ne doit pas redouter, que les fpectacles portent la moindre atteinte à la vertu guerriere ; mais cela ne démontreroit pas inconteftablement, que l'adminiftration publique dût favorifer leur introduction dans un Etat. Comme la plus jufte guerre a la paix pour objet, & qu'on ne prend les armes que pour assurer le bonheur & la tranquillité de la Nation, c'est dans cet état paisible qu'il faut la considérer.

Les hommes destinés par la Providence aux fatigues d'un travail assidu & pénible, ont besoin de renouveller leurs forces dans le repos : le plaisir est la récompense de leurs peines : le délassement leur est aussi nécessaire que la nourriture : un travail continu épuiseroit autant leurs forces que la privation des alimens. Il est incontestable que le Gouvernement a un intérêt sensible de leur procurer des amusemens.. N'est-il pas de sa sagesse de se servir d'un art qui tire une source d'instructions d'un objet de plaisir ? Dans l'usage de presque tous les autres divertissemens, il faut du repos encore après le plaisir, pour se mettre en état de s'appliquer au travail, par conséquent double perte de tems pour les occupations utiles. Cela est si vrai, que tous les artisans qui consacrent un des jours de la semaine à la joye ;

sont encore obligés d'en sacrifier un autre au repos, pour réparer l'abattement où les a réduits l'excès de la veille. Le plaisir du spectacle n'a point cet inconvénient. L'ame y acquiert de nouvelles lumieres, & le corps n'y perd rien de sa vigueur. On quitte & l'on reprend ses occupations, sans que la Comédie ait produit d'autre mal, que de remplir un intervalle de tems destiné à se récréer.

Le zele pour le bien de ma patrie m'a fait desirer plus d'une fois, qu'il fût possible de rendre nos Théâtres plus spacieux, pour qu'on y pût, en multipliant les différences des places, les mettre à la portée des facultés de tous les ordres de la société; & que le peuple fût invité, par la médiocrité de la retribution, à y venir prendre des leçons de vertu & d'honnêteté. Ces assemblées nombreuses, qui nous présenteroient l'image d'une Nation réunie sous les auspices du plaisir à l'école de la raison, vaudroient bien les fêtes bachiques que vous célébrez avec tant de cordialité, & dont je crois qu'il est superflu de vous faire sentir les conséquences, qui se manifestent d'elles-mêmes. Il n'y a point de plaisir indifférent ; & l'intention de tout Gouvernement doit être de favoriser ceux qui portent le caractere le plus marqué d'une utilité générale.

L'art du Théâtre étant bon par lui-même, il ne peut être deshonnête d'en exercer la profession. Attacher de la honte à l'exercice d'un art estimable, paroîtra toujours une absurdité insoutenable à tous les hommes qui voudront consulter la raison dans leurs jugemens. Aussi inconséquent dans cette partie de votre discours que dans tout le reste, permettez-moi de vous mettre un instant aux prises avec vous-même. Vous avouez que personnellement vous *avez tout lieu de vous louer des Comédiens ; & que l'amitié du seul d'entre eux, que vous avez connu particuliérement, ne peut qu'honorer un honnête homme.* Voilà vos expressions. Où avez-vous donc puisé cette odieuse pré-

présomption que vous formez contre leurs mœurs, pour les transformer de votre autorité *en séducteurs & en fripons* ? Sur quoi fondez-vous le mépris que vous prodiguez à des gens dont les procédés à votre égard vous ont paru louables ? Ce ne peut être certainement sur le témoignage de votre conscience, vous ne pouvez les condamner que sur le témoignage des autres, sur des ouï dire, que devoit démentir, ou du moins balancer votre propre expérience. Vous avez de singulieres idées du prix attaché à la qualité d'honnête homme, pour vous croire permis d'en dépouiller aussi légerement, sur la foi d'un préjugé frivole, des gens dont la conduite avec vous paroissoit mériter un jugement plus favorable. Est-il rien de plus injuste ? Avez-vous oublié cette protestation que vous adressez à vos Lecteurs ? *Craignez mes erreurs, & non ma mauvaise foi.* Mais comme le jugement que l'on doit porter du blâme, ou de la considération que mérite la profeſſion de Comédien, eſt indépendant de votre façon de penſer, voyons donc en quoi elle peut être deshonnête.

L'art du Comédien eſt d'imiter les paſſions. Tous les arts dont l'objet eſt d'imiter les paſſions ſont-ils mépriſables?

Il eſt expoſé au jugement public. Sur quels arts, ſur quelles profeſſions ce jugement ne s'exerce-t-il pas, plus ou moins?

Il peint des paſſions qui ne ſont pas les ſiennes. Quel artiſte n'eſt pas dans ce cas?

Enfin il paye de ſa perſonne. Eſt-il honteux de ſe produire perſonnellement dans un exercice autoriſé par la raiſon?

L'objet preſque général de tous les arts, eſt l'imitation des effets de la nature. Beaucoup ſont conſacrés en tout ou en partie à peindre les paſſions. Un Poete, un Orateur, un Peintre, un Statuaire, un Muſicien ne ſont que des imitateurs des paſſions. Il n'en eſt aucune qui n'entre dans la compoſition de leurs ouvrages, animées par le feu du génie elles acquierent cette force d'expression qui nous entraîne & nous subjugue. La multiplicité des images qu'elles nous présentent, éleve notre ame & lui procure de nouvelles lumieres. Les artistes sont des nouveaux *Promethées*, qui ont ravi le feu céleste pour éclairer la terre. Le flambeau des arts semble donner une seconde existence à tout ce qui l'approche. L'empire de la raison & de la vertu s'accroît par l'aggrandissement du cercle de nos idées. Tel est le privilege des arts, dont les principes sont dans tous les hommes, mais dont la faculté de les développer est réservée à un si petit nombre: aussi rien de plus juste que le tribut légitime de notre reconnoissance. L'estime publique est la plus noble récompense des hommes à talens supérieurs. Le Comédien est un artiste imitateur ainsi que le Peintre, le Statuaire & le Musicien: il faut que comme eux le génie échauffe son imitation, & vivifie les productions de son art.

Il est exposé au jugement public. Est-il donc infâme d'être exposé aux jugemens des hommes? Il n'y a que l'ennemi du genre humain qui puisse regarder l'obscurité comme une faveur, & s'envelopper avec plaisir dans des ténebres impénétrables, qui le dérobent au jugement de ses semblables. On doit redouter le jugement du Public : cette crainte est louable. Quel est l'homme en effet qui peut être assez présomptueux, pour ne pas craindre un tribunal qui juge tout en dernier ressort, & qui ne varie jamais dans ses jugemens? Mais cette crainte dans une ame généreuse cede au desir de se rendre utile à ses concitoyens, & de mériter par ses travaux le prix de l'approbation & de l'estime publique. Oseroit-on soutenir, qu'ainsi que tout autre artiste, le Comédien ne soit pas honoré, lorsque les applaudissemens publics couronnent ses efforts? La condamnation prononcée par ses juges fait son ignominie; mais est-ce sur sa profession ou sur son incapacité que retombe cet affront? Tous ceux qui cultivent les arts, ne sont-ils pas exposés aux mêmes inconvéniens, dès l'instant qu'ils publient leurs productions?

Le Comédien représente des passions qui ne sont pas les siennes. Parmi ceux qui cultivent les arts, en est-il un seul qui ne soit pas dans ce cas? Tout artiste n'étoit peut-être pas affecté des passions, qu'il a représentées, avant que de s'occuper à les peindre; mais dans le moment qu'il les fait agir, il n'y a que le sentiment qui puisse donner de la force à son expression. Le Comédien avant que d'entrer sur la scene n'éprouvoit pas les mouvemens qui agitent l'ame de *Brutus*, ou de tel autre personnage qu'il représente; mais au moment qu'il commence à entrer en action, il les ressent tous successivement, ainsi que tout autre artiste imitateur: ces affections deviennent pour lors les siennes. Un Orateur qui dans un discours véhément fait parler les passions, n'est-il pas obligé d'adopter, de s'approprier intimement des ſentimens qui ſont abſolument étrangers à ſa perſonne, mais qui ſont dépendans des propoſitions qu'il veut établir ? C'eſt à cette flexibilité des ames qui ſentent avec force & rapidité, qu'on doit l'excellence des arts. Plus un homme connoît les paſſions, plus il a de liberté & de vigueur pour les faire agir, plus il eſt ingénieux à en développer les différens reſſorts, plus il eſt en état de ſoumettre leurs effets à une juſte combinaiſon : c'eſt en nous éclairant ſur l'étendue du pouvoir des paſſions, que nous pouvons apprendre à les contenir dans leurs bornes légitimes, & à les conformer aux regles de la raiſon & de la vertu.

Il paye de ſa perſonne : c'eſt la derniere & la plus forte objection dont vous vous armiez. Je vais dans un parallele très-court la réunir aux précédentes. Ce parallele nous montrera de quel poids eſt, pour votre ſentiment, la différence qu'on doit mettre entre la honte qui ne frappe que l'ouvrage,

& celle qui s'attache à la perſonne. Un *Orateur à Rome* gratifié pour ſoutenir le droit de ſes parties, par conſéquent, auſſi peu deſintéreſſé que le Comédien, qui repréſentoit, ainſi que lui, des paſſions qui n'étoient pas les ſiennes, pour perſuader ſes juges; & les déterminer à favoriſer une prétention quelquefois légitime, quelquefois injuſte, & le plus ſouvent problématique, qui s'expoſoit en public, qui payoit de ſa perſonne, qui couroit le même riſque que le Comédien, dont la réputation n'étoit fondée que ſur ſes ſuccès, ambitionnant les applaudiſſemens, & redoutant le blâme public, en méritoit-t-il moins l'eſtime? Mais, m'objectera-t-on, *Hortenſius* enviſageoit une fin utile, c'étoit de faire triompher les loix, celle *de Roſcius* étoit-elle moins noble? Il faiſoit regner les mœurs. J'oſe même ajouter que la juſtice eſt une, & que dans toutes les cauſes ſoumiſes à la déciſion du peuple Romain, il étoit d'une certitude abſolue qu'une des parties avoit tort; cependant celle qui ſoutenoit une prétention injuſte, trouvoit un Patron qui ſe chargeoit de défendre la légitimité de ſes droits. Je veux bien croire que tout Orateur étoit perſuadé de la pureté d'intention de ſes cliens, & que ſa conſcience s'en rapportoit à leur bonne foi, qui le raſſuroit contre le danger d'avilir l'uſage de l'éloquence, en l'engageant à la ſolde de l'iniquité. Mais le Comédien ne couroit pas le même riſque, celui dont le perſonnage repréſentoit un caractere injuſte & vicieux, étoit toujours condamné de droit, il étoit ſur le Theatre pour perdre ſa cauſe.

Il ne me reſte plus qu'à examiner la conduite & les mœurs tant décriées des Comédiens. Vous prétendez qu'ils ne peuvent être réprimés par les loix, & M. Dalembert ſemble vouloir inſinuer, qu'il ſeroit à propos de redoubler la ſévérité des loix pour les contenir. *Ne ſeroit-il pas poſſible*, dit-il, *de remédier à cet inconvénient par des loix ſéveres, & bien exécutées ſur la conduite des Comédiens*? Les loix civiles & criminelles sont établies pour assurer la tranquillité des citoyens : l'ordre public dépend de leur observation. Il s'agit de sçavoir si les Comédiens sont pesés plus souvent que les autres hommes dans la balance de Themis. Je crois qu'on entend rarement retentir les tribunaux de leurs contentions : tandis que tant de particuliers avides ne rougissent pas de produire tous les jours à l'audience les contestations les plus indécentes & les plus injustes : il n'y a point de corps moins litigieux. Mais comme cette profession est plus agréable que lucrative, & que ceux qui l'exercent ne sont pas accusés d'augmenter leurs fortunes par de fréquentes acquisitions, on pourroit objecter la médiocrité de leur état pour raison de leur silence. Les voit-on mériter davantage l'attention des interpretes des loix, dictées pour réprimer les attentats contre la société ? C'est une vérité singuliere, que j'ose affirmer après de scrupuleuses recherches,

& qu'on peut discuter dans la derniere rigueur : depuis que nous avons des spectacles réguliers en France, jamais Comédien n'a été immolé à la sûreté publique, en expiation de ses forfaits. Feuilletez, compulsez les registres criminels, vous ne verrez point leurs noms inscrits dans ces fastes du crime : est-ce à l'impuissance de l'autorité qu'ils doivent leur impunité ? Sont-ils si élevés que les loix ne puissent les atteindre ? Il seroit absurde de le penser. Ils sont tranquilles, ils ne troublent point l'ordre public : victimes d'un préjugé qui les flétrit moins que ceux qui en sont prévenus, ils trouvent dans l'art même qu'ils professent, des ressources contre l'anéantissement où devroit les plonger l'opinion de la multitude : organes journaliers des plus sublimes leçons de vertu, il n'est pas possible que leur ame n'en acquiere le goût : ils se font aimer : les personnes sensibles aux agrémens de la société recherchent leur commerce, & cultivent leur amitié :

ils ſont ordinairement doux & civils. Sujets à s'égarer, ainſi que les autres hommes, leurs plus fréquentes erreurs naiſſent de la jalouſie de leurs rôles ; jalouſie qui les aveugle, parce qu'ils ſont ſujets à confondre l'ambition déréglée avec l'émulation que produit l'amour du talent, mais ces querelles peu importantes n'étouffent point en eux les ſentimens de l'humanité: ils s'impoſent volontairement l'obligation de s'aider mutuellement. Jamais Comédien ne voit ſon confrere dans l'infortune, ſans le ſecourir ſelon ſes facultés, ces ſecours n'humilient jamais l'objet de leur générosité : une partie du produit de leurs travaux eſt deſtiné au ſoulagement des pauvres. Dans les Provinces ils conſacrent, ſans y être contraints, des repréſentations dans le cours de l'année aux beſoins de l'indigence. Tel déclamateur outré contre cette profeſſion prétendue profane, ne retrancheroit pas la moindre portion des revenus, plus que ſuperflus, qui lui ſont aſſignés, en faveur de l'humanité souffrante, tandis qu'un Comédien, sans ostentation, apprend à resserrer les bornes de son nécessaire, sans autre motif que de remplir les fonctions d'homme sensible : voilà les hommes pour lesquels on croit qu'il seroit nécessaire d'appésantir le joug des loix. Que ne puis-je, pour l'honneur de ma patrie, anéantir une opinion que la raison désavoue! Avoir recours au préjugé pour avilir une profession, c'est se servir d'une arme si fragile & si deshonorante, que je n'aurois jamais soupçonné un Philosophe de l'appeller au secours de son raisonnement.

C'est au tribunal de la raison & de l'expérience, que l'on doit appeller de la condamnation rigoureuse prononcée contre un art, aussi estimable dans son principe, qu'avantageux dans ses effets. J'ose reclamer, en faveur de l'humanité, les droits qu'il a de prétendre à l'approbation de tout homme qui pense : serions-nous assez injustes pour le proscrire, tandis que tant de professions pernicieuses, ou du moins indifférentes & frivoles par leur inutilité reconnue, échappent au mépris dont on flétrit l'école de la sagesse & de la vertu? Abjurons ce sentiment barbare plus digne des *Huns* & des *Vandales* que d'un siécle éclairé : ayons le courage d'estimer publiquement ce que nous approuvons en secret. Si l'on doit rougir, c'est de s'asservir sans examen à l'empire de l'opinion, lorsqu'elle n'a que le prejugé pour fondement.

Il séroit inutile de s'arrêter à discuter le mérite des fréquentes digressions dont votre ouvrage est semé. L'utilité prétendue d'une *Cour-d'honneur*, que vous voudriez substituer au tribunal de Messieurs les Maréchaux, peut être rangée dans la derniere classe des chimeres politiques. J'ai connu un fort honnête homme, qui rêvoit quelquefois. Il avoit imaginé le projet de l'établissement d'une *Cour de raison*, où l'on devoit employer d'abord les remedes les plus doux, les plus efficaces ensuite, jusqu'aux petites maisons inclusivement, pour temperer les ebullitions de l'esprit, & corriger les écarts de l'imagination. Je lui représentai l'absurdité de son systême, en lui faisant comprendre l'impossibilité de donner des entraves à l'opinion : il me crut, & fit grace au public, en lui épargnant la lecture de deux gros volumes qui contenoient le plan raisonné de cette nouvelle institution : ils ne verront point le jour, à moins qu'on n'imprime les Projets posthumes de feu *Monsieur l'Abbé de S. Pierre.*

Je ne m'épuiserai pas en efforts superflus, pour vous prouver que les fêtes & les bals publics, que vous preferez aux spectacles, sont exposés aux mêmes inconveniens que vous reprochez au Theatre, où les deux sexes se trouvent également réunis. Comme tout plaisir qui s'accorde avec l'honnêté & la décence, ne peut être dangereux que pour les ames perverses qui abusent de tout, inventez de nouveaux divertissemens, & que le goût vous serve de guide, personne n'y contredira.

Je reconnoitrai alors en vous l'ami du genre humain, qui s'occupe de la félicité de ses semblables. J'admirerai même avec vous le délicieux effet que devoit produire à Geneve, le branle ou la contredanse du *Regiment de S. Gervais*; & je me garderai bien d'être assez rigoureux pour trouver mauvais que les Dames de la ville soient sorties de leurs lits pour se mêler à cette danse militaire & bachique. Tout cela s'est fort bien pû passer honnêtement; & je serois faché de supposer le contraire. Si jamais il vous prend fantaisie de créer une nouvelle Republique, à l'imitation de *Platon*, admettez-y les histrions de place, les saltinbanques; protegez, encouragez les tavernes, plaisirs selon vous bien supérieurs aux spectacles, & dont vous celebrez l'innocence; que ces amusemens exquis fassent les délices de votre colonie, il est beau d'être le fondateur d'une nouvelle secte de Philosophie, & le législateur d'un peuple heureux : dispensez-vous seulement de proposer à vos nouveaux habitans, comme le modele parfait d'un divertiſſement public, cette danſe où les vieillards, les hommes faits, & les enfans, accompagnoient leurs ſauts de cette chanſon que vous avez traduite de *Plutarque*, & que je vous rappelle ici: *Nous avons été jadis jeunes vaillans & hardis; nous le ſommes maintenant à l'épreuve à tout venant; & nous bientôt le ſerons, qui tous vous ſurpaſſerons.* Ce Vaudeville eſt dangereux pour la jeuneſſe qu'il accoutume à manquer de reſpect aux vieillards, en ſe vantant de les ſurpaſſer. Je ne vous aurois pas fait cette remarque, ſi je n'étois encore rempli de vos maximes, dont l'auſtere morale ſemble contredire une préſomption ſi injurieuſe à la vieilleſſe. Je ne doute pas que vous ne réformiez ce que cette chanſon a de vicieux, & que vous ne la rendiez plus convenable & plus modeſte.

Etoit-il bien néceſſaire, ſi vous n'étiez animé que du deſir de ſervir vos compatriotes, de compoſer un volume contre les ſpectacles, uniquement dans

la

la vûe de préserver Geneve de l'introduction d'un art si dangereux, puisque de votre aveu vous étiez intimement convaincu, que les facultés de la ville ne peuvent admettre un pareil établissement ? Que ne vous reposiez-vous sur l'impossibilité, empêchement plus efficace que les meilleures raisons ? Si vous avez bien compté, vos moyens les plus plausibles paroissent renfermés dans le calcul que vous avez fait du nombre des spectateurs que votre ville peut fournir journellement; mais par une fatalité qui semble attachée à toutes vos preuves, il faut qu'il y ait encore une erreur dans celle-ci, qui se trouve démentie par l'expérience. Il y a vingt-quatre ans qu'il y a eu une troupe de Comédiens établis à Geneve; & ces dernieres années, plusieurs troupes ne pouvant y être admises, représenterent à *Grange-Canard*, aux portes de la ville, & s'y sont très-bien soutenues par l'affluence de vos compatriotes. Toutes ces foibles observations, n'ont qu'une liason assez éloignée du sujet que vous avez voulu traiter, où il s'agit simplement de s'éclaircir sur l'utilité des spectacles; & je pense par les reflexions que je vous ai communiquées, vous avoir persuadé que cet art loin d'être pernicieux, est favorable aux mœurs, avantageux à la société, & que l'exercice, comme auteur & comme acteur, en est honorable, & doit être estimé par le bien qui en résulte. Je finis en vous disant avec Monsieur de *Voltaire* : *Qui seroient les Visigots qui voudroient traiter d'empoisonneurs Rodrigue & Chimene ? Plût au Ciel que ces barbares ennemis du plus beau des arts, eussent la pieté de Polyeucte, la vertu de Burrhus, & qu'ils finissent comme le mari d'Alzire!*

FIN.

www.ingramcontent.com/pod-product-compliance
Ingram Content Group UK Ltd.
Pitfield, Milton Keynes, MK11 3LW, UK
UKHW021111290826
14628UKWH00014B/1585

9 782016 191040